¡La fiebre del oro!

escrito por Eric Kraft
adaptado por Mónica Villa

Tabla de contenido

El oro

Revistas como *Picture Post* mantenían informadas a las personas sobre la fiebre del oro.

"Oro! ¡Oro! ¡Oro del río American!" gritaba el hombre mientras corría por las calles de San Francisco, California. Llevaba en sus manos una botella de polvo de oro. Las personas corrieron hacia California, dispuestas a correr todos los riesgos y trabajar muy duro con la esperanza de hacer su fortuna.

Los años de 1849 a 1900 fueron una época de grandes fiebres del oro en los Estados Unidos. Una fiebre del oro es el movimiento repentino de un gran número de personas hacia un lugar en donde se ha encontrado oro. Hombres y mujeres abandonaron sus hogares y viajaron cientos, y a veces miles, de millas para llegar a los campos de oro. Tuvieron que enfrentarse a grandes obstáculos, y la gran mayoría no logró hacer su fortuna. ¡Pero la simple idea de encontrar oro hacía que siguieran intentándolo!

Muchas personas estaban ansiosas por participar en la fiebre del oro y hacerse ricas.

Desde la antigüedad, el oro ha sido un metal valioso. Gran parte de su atractivo se debe a su color y **lustre**. Siempre ha sido más fácil para los joyeros trabajar con oro que con cualquier otro metal. El oro es un buen conductor de electricidad, así que se usa en algunos de los diminutos circuitos que están en el interior de las computadoras más poderosas.

Sin embargo, la razón principal por la que el oro es tan valioso es el simple hecho de que no hay mucho. Como es tan raro y tan difícil de encontrar, el oro se ha usado como dinero o como el **estándar** según el cual se da valor al dinero.

¡Es un HECHO!

El valor del oro sube y baja. En tiempos recientes, su precio ha alcanzado más de $1,000 la onza. Antes de la fiebre del oro de California, el gobierno de los Estados Unidos estableció el precio del oro a poco más de $20 por onza.

Durante la fiebre del oro, el dinero se fabricaba en forma de lingotes. Los lingotes son moldes que pueden tener diferentes formas, como barras rectangulares o monedas redondas.

Unos mineros toman un descanso en la mina de Pandora en Telluride, Colorado.

En sus propias palabras

Una carta escrita por un minero en busca de oro en Placerville, California, con fecha de octubre de 1850, dice: "He abandonado a aquellos que amo, tanto como a mi propia vida, y he arriesgado todo además de sufrir muchas privaciones para llegar aquí, y quiero ganar lo suficiente para que mi vida sea más fácil... Mi gran preocupación son mi esposa e hijo. No he sabido nada de ellos. La última vez que supe de ellos fue el 14 de agosto".

A las personas que buscaban oro se les llamaba **cateadores**. El sueño de un cateador era "hacer su fortuna" o encontrar mucho oro. Algunos cateadores sí lograron hacerse ricos, pero la mayoría no lo logró. Trabajaban largas y duras horas, y recibían poco a cambio.

Durante la fiebre del oro, los que se volvían ricos casi nunca eran los mineros sino las personas que fabricaban el equipo que los mineros usaban. Eran los dueños de las tiendas que vendían bienes y provisiones a los buscadores a precios muy altos.

Las fiebres del oro provocaron que miles de personas llegaran a los lugares en los que se encontraba oro. Las personas abandonaban sus trabajos para probar su suerte en la búsqueda de oro.

Las personas que esperaban hacer su fortuna solían dejar a sus familias. Su idea era traer sus riquezas de regreso a casa. Sin embargo, muchos de los que llegaron a California, Colorado, Nevada y Alaska en busca de oro se quedaron a vivir allí. En lugar de regresar adonde sus familias, se las trajeron. Esto convirtió a los campamentos mineros en aldeas establecidas.

¡Es un HECHO!

- En 1849, cerca de 90,000 personas abandonaron sus hogares para ir a California en busca de oro.
- En 1850, se les unieron otras 85,000 personas.
- En 1859, cerca de 100,000 personas corrieron hacia Colorado en busca de oro.
- En 1897, cerca de 100,000 personas se dirigieron al Klondike después de que se descubrió oro en ese lugar. Sin embargo, sólo 40,000 lograron terminar el viaje.

La fiebre del oro convirtió a San Francisco en una ciudad próspera y en un lugar importante para la compra y venta de oro.

5

Línea cronológica de la época de la fiebre del oro

Fin de la guerra con México. El Río Grande se convierte en la frontera sur de Texas. California y Nuevo México son cedidos a los Estados Unidos. Se descubre oro en California.

California se incorpora a la Unión como un estado no esclavista.

Se forma el partido republicano.

Abraham Lincoln, aspirante al senado de Illinois, debate con Stephen A. Douglas en contra de la esclavitud. Cateadores de oro se dirigen a Colorado cuando se descubre oro.

| 1848 | 1849 | 1850 | 1852 | 1854 | 1857 | 1858 | 1859 |

Ochenta mil buscadores de oro se dirigen hacia California.

Se publica *La cabaña del tío Tom*, la novela de Harriet Beecher Stowe.

La Corte Suprema ratifica la esclavitud en la decisión de Dred Scott.

El abolicionista John Brown, organiza su levantamiento. Se descubre oro y plata en la veta de Comstock, Nevada.

135,000 SETS, 270,000 VOLUMES SOLD.

UNCLE TOM'S CABIN

FOR SALE HERE.

AN EDITION FOR THE MILLION, COMPLETE IN 1 Vol. PRICE 37 1-2 CENTS.
IN GERMAN, IN 1 Vol. PRICE 50 CENTS.
IN 2 Vols. CLOTH, 6 PLATES, PRICE $1.50.
SUPERB ILLUSTRATED EDITION, IN 1 Vol. WITH 153 ENGRAVINGS,
PRICES FROM $2.50 TO $5.00.

The Greatest Book of the Age.

Noticias del hallazgo de oro en el Yukón marcan el comienzo de la fiebre del oro en el Klondike.

Lincoln pronuncia el Discurso de Gettysburg y hace la Proclama de Emancipación.

Se termina la primera línea de ferrocarril transcontinental.

Abraham Lincoln es electo presidente.

| 1860 | 1861 | 1863 | 1865 | 1869 | 1870 | 1897 | 1899 |

Comienza la Guerra Civil. Se termina la primera línea de telégrafo transcontinental.

Fin de la Guerra Civil. La Decimotercera Enmienda decreta la abolición de la esclavitud. Lincoln es asesinado.

Victoria Woodhull se convierte en la primera mujer candidata a presidente.

Noticias de descubrimientos de oro en Nome dan inicio a la segunda fiebre del oro en el Klondike.

Los del 49 de California

En sus propias palabras

De las *Memorias personales* de Ulysses S. Grant: "De 1849 a 1853 una gran cantidad de personas se dirigieron a la costa del Pacífico ...Todos pensaban que sólo había que recoger las riquezas del suelo, sin esfuerzo, en los campos de oro del Pacífico".

Johann Sutter fue un **inmigrante** suizo que construyó su hogar en lo que ahora es Sacramento. Su pequeño imperio estaba formado por extensos acres de tierra de labranza y tantos edificios como una pequeña aldea. James Marshall era uno de los empleados de Sutter. En enero de 1848, descubrió oro mientras construía un aserradero para Sutter en la orilla del río American.

El descubrimiento se mantuvo en secreto durante un tiempo. Pero, en la primavera, un hombre llamado Sam Brannan reveló el secreto. Corrió por las calles gritando "¡Oro! ¡Oro!" Casi todas las personas que vivían en la aldea salieron disparadas en busca del oro.

← El aserradero de Sutter fue el lugar donde se descubrió oro por primera vez el 24 de enero de 1848.

El resto del país no sabía nada al respecto. En esa época las noticias no viajaban muy rápido ni fácilmente. No había líneas de telégrafo. No había un ferrocarril que comunicara a California con el resto del país. Los barcos que navegaban de la costa Oeste a la costa Este se tardaban seis meses en hacer el viaje alrededor de la punta del extremo sur de Sudamérica.

En diciembre de 1848, el presidente James Polk aseguró al país que realmente había oro en California. Empezó la fiebre. Personas de todas partes se apresuraron a California con la esperanza de hacer su fortuna.

Barcos repletos de personas que buscaban hacer su fortuna durante la fiebre del oro navegaban alrededor del Cabo de Hornos rumbo a California en un viaje que duraba seis meses.

Los buscadores de oro que venían de la costa Este podían elegir entre tres rutas y ninguna de ellas era fácil. Podían navegar alrededor de Sudamérica. Este viaje duraba seis meses y era necesario atravesar el peligroso pasaje alrededor del Cabo de Hornos, en la punta del extremo sur de Sudamérica. El clima era tempestuoso y el mar muy agitado.

Podían navegar a Panamá. Luego tenían que atravesar Panamá. La travesía la hacían parte en canoa, parte en mula o caballo y parte a pie. Cuando llegaban al océano Pacífico, esperaban algún barco que los llevara a San Francisco. Esta ruta sólo tomaba ocho semanas, pero corrían el riesgo de contraer alguna enfermedad.

En sus propias palabras

De las *Memorias personales* de Ulysses S. Grant: "Los más afortunados podían viajar por el Cabo de Hornos o el istmo de Panamá; pero la gran masa de pioneros atravesaba las llanuras con sus yuntas de bueyes. Este viaje duraba todo el verano".

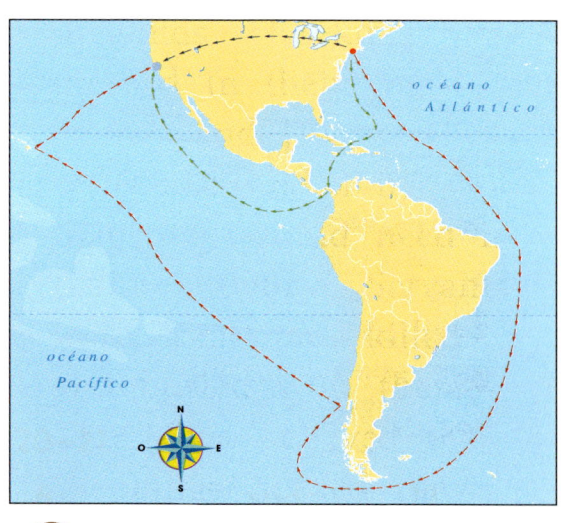

Los buscadores de oro partían de la costa este de los Estados Unidos y viajaban por tierra o mar.

Podían viajar por tierra atravesando las **praderas** y montañas de los Estados Unidos. Si tenían suerte, podrían encontrar caminos que los llevarían al sendero de California, que era una de las rutas más importantes hacia el Oeste. Muchas veces los

La vida de los cateadores de oro era difícil. Aquí un minero prepara su comida en una fogata. Su burro carga todas sus pertenencias y equipo.

indígenas norteamericanos ayudaban a los buscadores de oro a encontrar comida a lo largo del camino. Sin embargo, la enfermedad del cólera mataba a muchos de los que decidían seguir las rutas terrestres.

Cuando se descubrió oro, había unos 14,000 colonos en California. Para finales de 1849, había alrededor de 100,000. En tres años más, la población creció a unos 250,000.

En esa época, el trabajador típico del Este podía ganar $1 al día. Un minero bueno (y afortunado) podía ganar en California unos $8 al día. Pero el minero tenía que enfrentar el alto costo de la vida. A medida que las personas llegaban en multitudes a California, los precios de la comida y las provisiones aumentaban. Un trabajador en Nueva York podía comprar una pieza de pan por 4 centavos. El minero de California tenía que pagar 75 centavos. El precio de los huevos era de $1 a $3 cada uno. Las manzanas valían de $1 a $5 por pieza.

✔ ¡Revísalo!

Coméntalo

Sam Brannan fue el hombre que corrió por las calles gritando que se había descubierto oro. Él nunca salió en busca de oro, pero sí ganó mucho dinero durante la fiebre del oro vendiendo palas. ¿Por qué crees que Brannan se hizo rico vendiendo palas?

Un pico, una pala y una batea eran herramientas importantes para el típico minero de oro.

12

También llegaron a California buscadores de oro chinos. Pocos fueron los que se hicieron ricos.

¡Es un HECHO!

Una de las personas que fue a San Francisco a hacer su fortuna fue Levi Strauss. Pero no fue en busca de oro. Fue a vender provisiones, incluyendo ropa, a los mineros. De inmediato se dio cuenta de que los mineros necesitaban ropa resistente que no se gastara pronto. Inventó el "overol a la cintura" con costuras reforzadas con remaches. Con el tiempo, estos pantalones se llegaron a conocer como "Levis".

La mayoría de los mineros pensaban que encontrarían oro con un método llamado minería de "placer". Los mineros de placer buscaban pedazos de oro que surgían de los depósitos subterráneos profundos. Solían buscar en los lechos arenosos y en los bancos de los ríos y arroyos.

La minería de placer era un trabajo muy duro pero no requería equipo costoso. Una persona podía enjuagar la arena en una batea en busca de las diminutas pepitas de oro. A esto se le llamaba batear en busca de oro. Un método más eficiente era echar agua sobre la arena en una cuna, una caja de madera montada sobre una mecedora. Cuando mecían la cuna el oro se iba al fondo.

En sus propias palabras

Joseph Wood se unió a la fiebre del oro en el verano de 1849. Ese invierno, escribió a su familia: "En pocas palabras, todo el trabajo realizado durante este invierno no ha generado ganancias". La siguiente primavera, sintiéndose derrotado, escribió esto: "Me siento solo en esta noche oscura y lluviosa . . . Daría una onza [de oro] por meterme en mi vieja cama en casa y descansar hasta la mañana".

En donde no había aldeas, los mineros vivían en campamentos. A estos campamentos les ponían nombres coloridos como Campamento del Ángel, Colina de oro, Riachuelo del hombre pobre, Colina de la pobreza, Perro rojo, Campamento rugiente y el Listo y rudo.

Para finales de 1849, se había agotado casi todo el oro fácil de encontrar. Sin embargo, las personas siguieron llegando a California en busca de oro. La vida en los campamentos mineros se volvió peligrosa. Aquellos que no se hacían ricos culpaban a los demás por su fracaso. Surgían peleas entre personas de diferentes razas o **grupos étnicos**. Las enfermedades, el hambre, los accidentes y la violencia mataron a muchos mineros e hicieron que muchos volvieran a sus hogares.

Para 1852, el auge había terminado. No fueron muchos los mineros que lograron hacer su fortuna. La minería de placer sólo funcionó para unos pocos. Gran parte del oro estaba enterrado en la profundidad de la tierra. Sólo las personas con dinero para comprar el costoso equipo de minería y contratar a muchos mineros lograron encontrarlo y desenterrarlo.

El efecto más importante y duradero de la fiebre del oro de 1849 fue que California se hizo famosa en todo el mundo. California se convirtió, para muchas personas, en un lugar para hacer fortuna, de una u otra forma. Muchos siguieron llegando en busca de una vida mejor.

En sus propias palabras

Johann Sutter creía que la fiebre del oro fue su ruina. Escribió en su diario: "Todos mis planes y proyectos terminaron en nada. Uno tras otro, toda mi cuadrilla de trabajadores desapareció rumbo a los campos de oro. Mi propiedad quedó desprotegida y a merced de la muchedumbre ...Me quedé solo y en un lugar sin ley". Los ocupantes ilegales se apropiaron de su tierra y nunca logró recuperarla.

tres mineros
catean oro

El pico Pikes o la ruina

El descubrimiento de oro en California provocó que muchas personas buscaran oro en otras partes del Oeste. Diez años después, los del 49 fueron reemplazados por los del 59, quienes se dirigieron a Colorado en busca de oro.

Desde Kansas se puede ver en la lejanía el pico Pikes. Muchos buscadores de oro llegaron desde Kansas y no perdieron de vista al pico durante todo el trayecto.

En 1858, William Green Russel encontró oro en donde se juntaban el río South Platte y el arroyo Cherry, cerca de lo que ahora es Denver. Este lugar se encuentra a unas 70 millas (112 kilómetros) al norte de la montaña llamada el pico Pikes. Miles de personas en todo el país declararon "el pico Pikes o la ruina" y se dirigieron a Colorado. Tenían la misma esperanza que había motivado a los del 49, la esperanza de hacerse ricos.

Entre los años 1858 y 1859, cerca de 50,000 personas llegaron a Colorado con la esperanza de encontrar oro. En esa época, el arroyo Cherry dividía a dos pequeñas comunidades, la ciudad de Denver y Aurora. La gran cantidad de recién llegados sobrepasó la capacidad de las dos pequeñas comunidades. En 1860, se unieron y formaron la ciudad de Denver.

un minero batea oro en Colorado durante la fiebre del oro

En sus propias palabras

T. S. Kenderdine, buscador de oro, escribió:

"Cuando atravesé las praderas... la ciudad de Denver todavía no estaba planificada, y los hallazgos de oro en el arroyo Cherry, aunque conocidos en el Este, eran desconocidos a lo largo del sendero de California. El velero de la pradera que tenía escrito con carbón en la cubierta "el pico Pikes o la ruina" había ido y vuelto, pero ahora su nombre había sido remplazado por Arruinado. Las personas usaban ropa tosca y los niños crecían como salvajes.

Las compañías de ferrocarriles solían repartir listas con los materiales que un grupo de cuatro hombres necesitaría en su viaje al Oeste.

En el área cercana a Denver no había mucho oro que encontrar. Pero hubo otros descubrimientos de oro en otras partes de Colorado. Hubo descubrimientos en Idaho Springs, Central City y Cripple Creek. Estos hallazgos hacían que los ansiosos buscadores de oro siguieran llegando. Algunas personas se hacían ricas gracias a los buscadores de oro. Estas personas, llamadas **proveedores**, vendían paquetes que se suponía que incluían provisiones y transporte desde las ciudades y los pueblos a lo largo del río Mississippi donde comenzaban las rutas.

INTRODUCTION.

It was not the intention of the compilers of this map to add a Guide, but from the numerous incidents which have lately sprung up regarding the Gold fields of Western Kansas, they found it impossible to lay down the location of every place which they deemed useful without rendering the topographical part crowded and indistinct. They have therefore introduced a few pages, giving the neccessary outfit for four men, six months in the mines; the distances to the principal camping places along the routes; and also the different mail stations &c. along the route to California.

List of outfits for four men six months.

TEAM, WAGON AND FIXTURES:		
2 Yoke of Oxen	$120.00	
1 Wagon	65.00	
Wagon- Cover, Yokes and chains	10.00	
	$195.00	

TOOLS:		
4 Steel Picks with handles	$5.00	
4 Shovels	3.00	
1 Pit Saw	7.00	
2 Axes	2.00	
1 Hatchet	65	
1 Saw File	25	
2 Gold Pans	1.50	
1 Chisel	30	
1 Auger	25	
1 Hand Saw	1.00	
1 Drawing Knife	50	
25 ℔ of Nails @ 5cts.	1.25	
2 Gimlets	15	
2 ℔ Quicksilver and retort	3.00	
Sheet Iron for Long Toms	75	
	$26.60	

1 Frying Pan	35
1 Dutch Oven	70
1 Bread Pan	30
1 Coffee Mill	40
1 Wooden Bucket	25
4 Knives	1.00
	$30.75

PROVISIONS:	
6 Sacks of Flour at $3	$18.00
400 ℔ of Bacon at 10cts.	40.00
100 ℔ of Coffee at 11cts.	11.00
6 ℔ of Tea at 75cts.	4.50
100 ℔ of Sugar at 7cts.	7.00
6 ℔ of Salt	1.00
6 ℔ Ground Pepper	1.00
1 Ten Gallon Water Keg	1.00
2 Bushels of Dried Fruit	2.50
2 Bushels of Beans	2.00
250 ℔ Pilot Bread @ 5cts.	12.50
25 ℔ of Rice	1.50
1 Box of Soap	1.00
	$103.00

Team	195.50
Tools	26.60
Camp Fixtures	30.75
	$355.85

CAMP FIXTURES AND FURNITURE :	
8 Pair of Blankets	$24.00
1 Camp Kettle	1.00
4 Tin Plates	30

SUNDRIES:
3 Gallons of Brandy,

Debido a lo difícil y peligrosa que era una expedición a los campos de oro, los seguros de vida eran muy populares. Las compañías anunciaban sus pólizas.

PIKE'S PEAK GOLD REGIONS! LIFE INSURANCE!
Policies granted by
THE NEW-YORK LIFE INSURANCE CO.
112 & 114 Broadway, N.Y.
ACCUMULATED CAPITAL
ONE MILLION, SIX HUNDRED THOUSAND DOLLARS
In view of the extensive emigration to the Gold Regions, the above well-known Company of 14 years standing, are now prepared to issue policies for that locality. Parties can thus secure to their families or friends some resource in case of accidents, and creditors protect themselves from loss for advances. For full particulars, as of Rates, &c., apply to
H.M. Leunrups Agent, at *Mercer*

Un grupo de mineros rumbo a los campos de oro sigue con la vista el pico Pikes.

Algunos proveedores mostraban el viaje como rápido y fácil. **Subestimaban** la distancia. Algunos no proporcionaban suficiente comida y agua para todo el viaje. Muchos buscadores de oro molestos se dieron por vencidos antes de llegar a los campos de oro.

En Colorado, la minería de oro era difícil porque se encontraba en áreas escarpadas de las montañas. Casi siempre se necesitaba un equipo costoso para desenterrarlo. Una vez más, fueron pocos los mineros que se hicieron ricos. Las compañías que podían comprar el equipo pesado fueron las que hicieron dinero.

La veta de Comstock

La fiebre del oro en California y Colorado llevaron a decenas de miles de buscadores de oro al Oeste. Algunos pequeños descubrimientos de oro hicieron que muchos se quedaran. Estos descubrimientos también motivaron a otros a que se dirigieran al Oeste para hacer su fortuna.

En 1859, unos buscadores encontraron oro en el área de Nevada, cerca de la frontera con California. El descubrimiento más rico fue en el cañón de Six-mile, cerca de una aldea conocida como Ciudad de Virginia. Se hizo famoso como la veta de Comstock porque el cateador Henry T. P. Comstock fue el primero en reclamar la tierra. Cuando la noticia del descubrimiento salió a la luz, los mineros que aún no hacían su fortuna en California o Colorado, se dirigieron rápidamente a la veta de Comstock.

una oficina de una mina en la Ciudad de Virginia, Nevada

Era difícil encontrar oro en Nevada debido a la composición del lodo.

Los mineros se dieron cuenta de que era muy difícil excavar en busca de oro en esa área. El oro estaba mezclado con un lodo espeso y grisáceo que hacía difícil separar el oro del lodo. Cuando **analizaron** ese lodo pesado para conocer su composición, descubrieron que era rico en plata. El descubrimiento de oro en Nevada se convirtió en el descubrimiento de plata más valioso en los Estados Unidos.

En sus propias palabras

Tomado de *Una vida dura* de Mark Twain: "¡La época de prosperidad florecía magníficamente! ... En las aldeas, los terrenos alcanzaban precios asombrosos ... La Ciudad de Virginia ... presumía una población de quince a dieciocho mil, y todo el día la mitad de este pequeño ejército invadía las calles como abejas y la otra mitad invadía los cúmulos y túneles de la Comstock, cientos de pies bajo tierra justo debajo de esas mismas calles".

La rueda de paletas fue uno de los tantos artefactos que los cateadores usaban para extraer oro y plata.

Una vez más, fueron pocos los mineros independientes que hicieron mucho dinero. El oro y la plata estaban enterrados en la profundidad de la tierra. La minería en Nevada requería un equipo costoso y cuadrillas de trabajadores para excavar los pozos y túneles profundos. Sólo los pocos que podían comprar la maquinaria y contratar a los trabajadores lograron hacer su fortuna.

Algunas de esas personas ya habían hecho su fortuna en California. Usaron su dinero para establecer compañías mineras que podrían extraer el oro y la plata del suelo. A aquellos que lograron hacer su fortuna se les conocía como "los reyes de la bonanza".

El descubrimiento de la Comstock ocurrió en plena Guerra Civil. El Presidente Abraham Lincoln necesitaba el oro y la plata de las minas para pagar la guerra. También quería aumentar el número de estados que lucharan por la Unión. Así que urgió al Congreso para que aceptara a Nevada como estado. Hizo esto a pesar de que Nevada no tenía el número de residentes que necesitaba para calificar. Lincoln firmó un **proyecto de ley** que convirtió a Nevada en un estado en 1864.

¡Es un HECHO!

Aparecían aldeas prácticamente de la noche a la mañana conforme los buscadores de oro salían en busca de fortuna. Si en ese lugar no había oro, o había menos de lo que los mineros esperaban, las aldeas quedaban abandonadas con la misma rapidez. Algunas de estas aldeas abandonadas, o ciudades fantasma, todavía se encuentran en el Oeste.

El Klondike

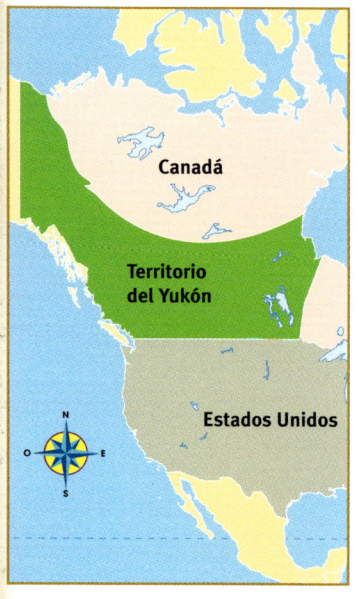

Canadá

Territorio del Yukón

Estados Unidos

En agosto de 1896, tres cateadores encontraron oro en un **afluente** del río Klondike en el territorio del Yukón en Canadá. Para 1897, las noticias del descubrimiento llegaron a Seattle, Washington, y empezó una fiebre de buscadores de oro.

Estos nuevos descubrimientos quedaban muy lejos para los mineros de oro de los Estados Unidos. El Yukón estaba a más de 2,000 millas (3,200 kilómetros) al noroeste de Seattle. El clima era terrible. La zona era escarpada y el frío invernal podía hacer que una persona se muriera congelada en unos cuantos minutos. Los barcos se atascaban en los puertos congelados.

¡Es un HECHO!

Muchas mujeres fueron al Klondike en busca de oro. Muchas otras trataron de hacer su fortuna en negocios. Algunas administraban hoteles. Otras vendían provisiones. Martha Black llegó en busca de oro. Escaló la ruta de Dyea en busca de oro, y luego administró un aserradero. Años después, fue electa representante al Parlamento de Canadá.

Seattle se convirtió en el punto de partida para las decenas de miles de personas que se dirigían al Yukón. La mayoría viajaba en barco a las ciudades de Skagway y Dyea. De allí, caminaban tierra adentro por las rutas que cruzaban entre las montañas nevadas. Muchos murieron. Muchos más se dieron por vencidos y regresaron.

La ruta de Dyea pasaba por el rastro de Chilkoot hacia los campos de oro en el interior. Una parte de la ruta, conocida como las Escaleras de oro, consistía en 1,500 escalones inclinados cortados en el hielo. ¡Muchos de los mineros que llegaban a las Escaleras regresaban a sus casas después de sólo mirarlas!

Decenas de miles de personas llenas de esperanza partían de los campamentos de los cateadores para comenzar su agotador viaje a los campos de oro.

Fotografía de un grupo de actrices mientras cruzan el río Dyea rumbo a las aldeas prósperas en el Klondike donde se había descubierto oro. Sus presentaciones ofrecían a los cateadores el entretenimiento que tanto necesitaban después de un largo día en las minas.

Muchos de aquellos que viajaban al Yukón iban mal preparados para los desafíos a los que tendrían que enfrentarse. No tenían ninguna idea del clima del Yukón. No conocían la zona. No contaban con el equipo necesario ni las provisiones suficientes.

Después de la muerte de varios mineros, Canadá estableció medidas de seguridad. Sólo permitía la entrada al país de aquellos cateadores que tenían suficientes provisiones, incluyendo comida, para un año.

Era muy difícil viajar por el Yukón. Los caballos y las mulas no podían escalar las rutas congeladas. Muchos mineros cargaban sus propias provisiones. Cargar provisiones para un año significaba hacer muchos viajes. El minero iba y venía por un tramo de la ruta transportando las provisiones en tandas. Cuando terminaba de transportar toda su carga, el **proceso** se repetía durante el siguiente tramo del trayecto. Un minero que avanzaba de esta forma se tardaba tres meses en hacer un viaje de 35 millas por las montañas de Skagway o Dyea.

¡Es un HECHO!

Los caballos y las mulas no eran apropiados para el Klondike. Sus cascos se hundían en la nieve y su peso podía romper el hielo de los ríos congelados.
Los cateadores decidieron usar perros para jalar los trineos que los transportaban a ellos y sus provisiones.
Ataban un grupo de perros a un trineo. Entrenaban a un perro como perro guía. Era el que hacía que los demás perros avanzaran en grupo.

Las tierras nevadas del Klondike no eran acogedoras, pero para los cateadores eran parte de la búsqueda de oro.

↑ Los buscadores de oro se ataban con cuerdas para escalar las montañas del Klondike.

El terreno frío y áspero no desanimaba a los buscadores de oro. Ellos seguían llegando al Klondike, o al menos, intentaban realizar el viaje. Más de 100,000 personas se dirigieron al Klondike. La mayoría compraba sus provisiones y equipo en Seattle. Como resultado, Seattle se convirtió en una aldea próspera. Muchos propietarios de tiendas hicieron una fortuna sin salir de su hogar. De las 100,000 personas que intentaron llegar a los campos de oro, sólo 30,000 lo lograron.

Cuando la gran mayoría de los buscadores de oro llegaba a los campos de oro, ya era demasiado tarde. Aquellos que habían llegado primero habían reclamado casi toda la tierra valiosa. Los pocos afortunados, los "reyes del Klondike" se hicieron muy ricos. Los demás no. La mayoría terminó trabajando para esos afortunados.

Cuando el oro fácil de hallar se agotó, la minería en el Klondike se convirtió en un trabajo muy duro. Los mineros tenían que excavar profundamente en el suelo congelado para llegar al oro.

¡Es un HECHO!

Jack London (1876–1916) fue trabajador de una fábrica, marinero y trabajador temporal del ferrocarril antes de convertirse en un escritor famoso. Tenía 20 años cuando se descubrió oro en el Klondike. Decidió participar en la fiebre. No se hizo rico en los campos de oro, pero regresó a casa con muchas cosas que contar.

Sus cuentos cortos y novelas sobre el Klondike se hicieron famosos alrededor del mundo. Uno de ellos, *La llamada de la selva*, es un cuento de un perro de trineo llamado Buck.

⬆ Jack London

Para 1899, la fiebre del Klondike ya había terminado. Llegaron noticias de un nuevo descubrimiento en Nome, Alaska. ¿Qué hicieron las personas cuando escucharon la noticia? Empacaron y corrieron hacia Nome, por supuesto, con la esperanza de hacer su fortuna.

La fiebre del oro es un episodio importante y emocionante de la historia de los Estados Unidos. Atraídos por la esperanza de hacerse ricos rápida y fácilmente, y animados por el espíritu de valor y aventura, miles de buscadores de oro se hacían a la aventura.

¡Revísalo!

Piénsalo

¿Por qué las personas corrían de un descubrimiento de oro a otro cuando la posibilidad de encontrar oro era tan baja?

La posibilidad de encontrar oro y hacerse ricos hacía que los mineros siguieran viajando de un lugar a otro.

Glosario

afluente	un río más pequeño que fluye hacia uno más grande (pág. 24)
analizar	estudiar algo con atención (pág. 21)
cateador	una persona que busca recursos naturales valiosos (pág. 4)
estándar	algo que sirve de referencia para medir otra cosa (pág. 3)
grupo étnico	personas que comparten un mismo patrimonio cultural (pág. 14)
inmigrante	una persona que se traslada de un país para vivir en otro (pág. 8)
lustre	el brillo de la luz reflejada (pág. 3)
pradera	tierra extensa de pastoreo en la parte central de los Estados Unidos (pág. 11)
proceso	un conjunto de pasos para lograr algo (pág. 27)
proveedor	una persona que vendía paquetes que se suponía incluían provisiones y transporte para los buscadores de oro (pág. 18)
proyecto de ley	propuesta de ley que el poder legislativo aprueba o no por medio del voto (pág. 23)
subestimar	pensar que algo tiene un valor menor al real (pág. 19)

Índice